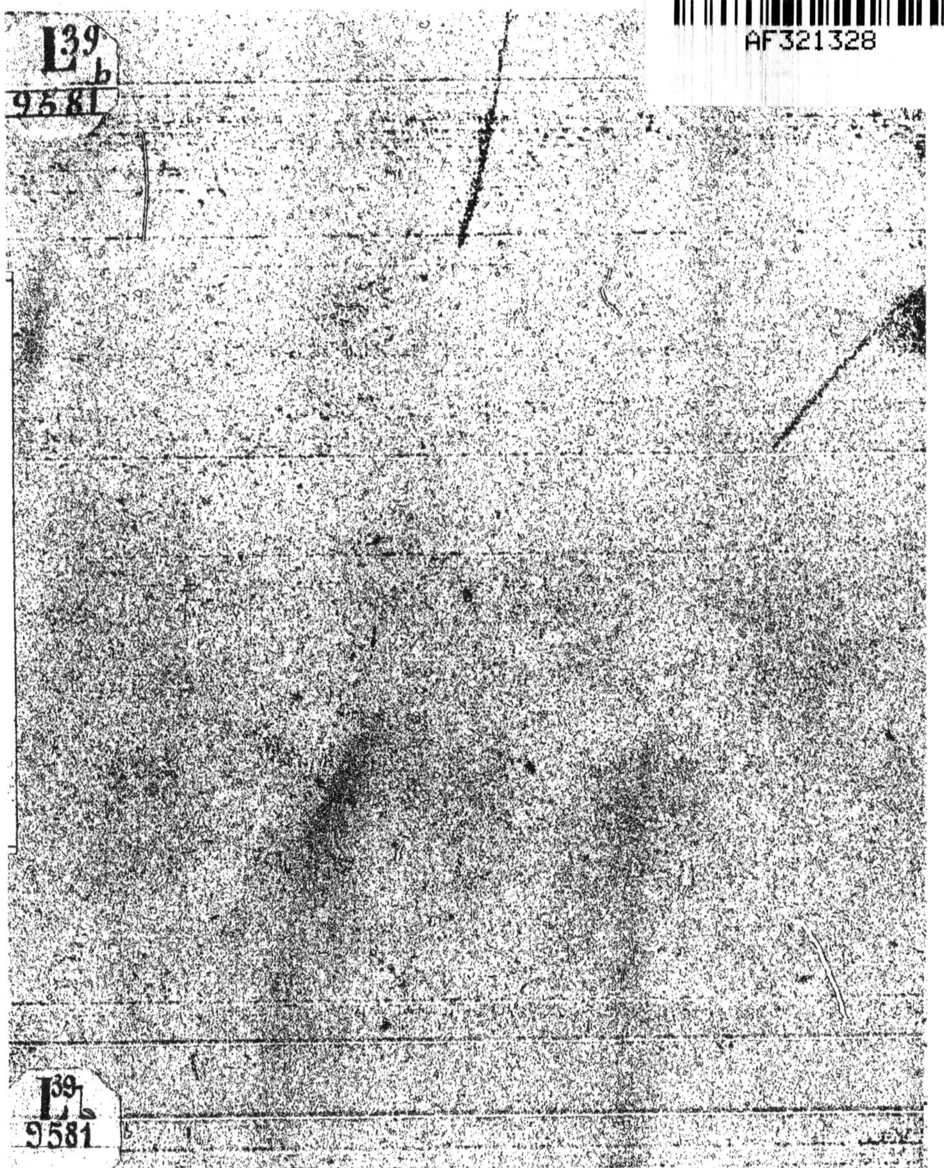

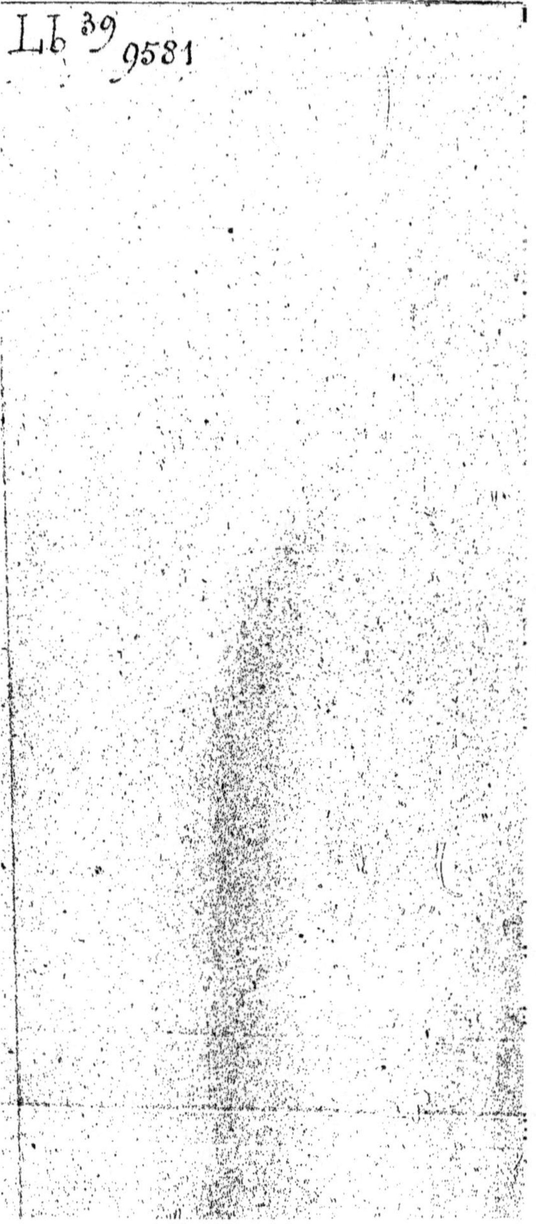

MÉMOIRE

PRÉSENTÉ

A L'ASSEMBLÉE - NATIONALE,

PAR LE COMMANDANT

DE LA GARDE-NATIONALE

ET DES TROUPES DE LIGNE, A VERSAILLES.

———

JE m'adresse à cette auguste Assemblée pour y jouir des fruits de ses travaux, ceux des droits d'un homme libre, qui vient, non supplier, mais se faire entendre, réclamer justice et demander que sa conduite et celle des braves compagnons d'armes qu'il a l'honneur de commander, et qui sont inculpés par la dénonciation que le Directoire du Département de Seine et de l'Oise a faite à la barre de cette Assemblée, le Samedi 21 Août, soient publiquement connus.

La religion du Directoire du Département a été surprise, et je déclare que quant aux détachemens, aux ordres qui sont émanés de moi, et à la conduite

RÉPONSE.

A

qui a été tenue, rien ne peut servir de prétexte à cette dénonciation générale d'infraction la plus formelle aux Décrets et de violation des propriétés, de la liberté et des droits sacrés de l'homme.

Honoré de la confiance de mes Concitoyens, j'ai successivement été nommé par eux, Major-Général et Commandant en second de la Garde-Nationale. Le Roi m'a ensuite donné le Commandement de Versailles, et il m'a spécialement chargé de la conservation de ses propriétés et de ses plaisirs. J'ai rempli cette tâche bien difficile, MESSIEURS; les braves Citoyens que j'ai l'honneur de commander, le hasard et mon zèle m'ont plus servi que mes foibles talens, mais jusqu'à ce moment j'ai réussi, j'ai tout concilié. Peut-être même n'avons-nous pas été inutiles à la chose publique par l'esprit de paix et d'harmonie que nous avons été assez heureux de maintenir dans une malheureuse ville, où les ennemis du bien public ont toujours cherché à fomenter et à susciter la division et les insurrections.

RÉPONSE.

Je souscris volontiers à la justice que M. le Commandant rend lui-même à la sagesse de sa conduite, et aux brillans succès qu'il a obtenus, de la confiance qu'il a inspirée à la ville et à la cour. Mais de quoi s'agit-il? D'une dénonciation faite à l'Assemblée-Nationale par le Directoire du Département. Que porte cette dénonciation? Que dans toute l'étendue des plaisirs du Roi, on arrête, on garotte, on jette dans les cachots, on frappe à coups de sabre, on tire à balles sur les citoyens propriétaires, et qu'on y traite les hommes comme des bêtes fauves. Cette dénonciation si digne de la vigilance et du zèle du Directoire du Département ne peut être attaquée que par deux moyens, ou en prouvant que les malheurs dénoncés ne sont que des chimères, ou en démontrant qu'ils n'ont rien de contraire aux Décrets de l'Assemblée-Nationale. Voilà le point véritable de la question, tout sera bien

Le Directoire du Département vous a dénoncé des vexations qui tombent sur les Citoyens-Soldats et sur les Troupes de Ligne. Ces Troupes se trouvent compromises dans les atrocités dénoncées. Le Directoire du Département aveuglé par le désir, peut-être louable, de manifester ostensiblement sa popularité envers des Citoyens auxquels il doit ses fonctions, n'a pas vu l'injustice avec laquelle il traite d'autres Citoyens, qui, depuis qu'ils sont armés pour la Révolution, n'ont cessé de mériter l'estime et la reconnoissance publique, sentiment que doivent aussi partager les Troupes de Ligne qui les secondent si bien. Pour moi, MESSIEURS, qui n'ambitione d'autre gloire que celle d'une conduite pure, et qui, pour la prouver, n'invoque que mes actions ; juste, impartial en tout et vis-à-vis de tous ; j'ai marché même au milieu des trou-

éclairci si le mémoire s'y est exactement renfermé.

Tout ceci est de stile dans un mémoire ; d'ailleurs l'ordre du jour n'étoit pas de dire du mal de vous, et du bien du directoire (1).

---

(1) J'aurois pû observer que les Soldats-Citoyens n'ont été appelés en cause que pour inspirer un plus grand intérêt. L'Adresse du Directoire ne les attaquant ni directement ni indirectement, les Compagnies auroient dû être consultées pour savoir si elles avoient quelque desir de se plaindre d'une dénonciation dont elles n'avoient aucune raison d'être offensées. Heureusement, tout ce tapage auquel les Compagnies n'ont voulu prendre aucune part, ainsi que l'Etat-Major des Troupes de Ligne, n'a pas affoibli l'harmonie et l'union qui regnent entre ces Corps et les Assemblées Administratives. Les Comités des Domaines et de Féodalité à qui on avoit persuadé que tout étoit dans une grande rumeur, apprendra cette nouvelle avec plaisir.

*bles et des injustices ; la tête
haute et l'ame calme ; j'ai juré
de maintenir les loix et de répri-
mer par-tout la licence, & je
n'ai pas cessé un moment d'être
fidèle à ce serment. C'est sous
ces titres, Messieurs, que j'ai
des droits à demander que ces
actions, cette conduite, ces sentimens vous soient connus par
le compte que vous rendra votre Comité des Domaines, si
vous lui renvoyez ce Mémoire
et les pièces qui y sont jointes.*

*Permettez donc, Messieurs,
que je fasse ici un exposé suc-
cint de quelques faits importans.*

*Vos Décrets n'ont été violés
par aucun des ordres émanés de
moi, parce que toujours mes dé-
marches ont été approuvées par
la Municipalité, et que toujours
elle a requis les dispositions que
j'ai faites suivant les circonstan-
ces, tant pour la conservation
des propriétés de tous les Citoyens que pour la conservation
des propriétés du Roi et de ses
plaisirs.*

Je ne connois de bien impor-
tant dans cette discussion que
de savoir si *on arrête*, si *on
garotte*, si *on frappe à coups
de sabre*, si *on tire à balles sur
les citoyens propriétaires*, et si
on *traite les hommes comme des
bêtes fauves*. Tant que ces faits
ne seront pas désavoués, la dénonciation du Directoire reste
sans réponse.

Conserver les propriétés du
Roi et même ses plaisirs est as-
surément une très-bonne chose ;
mais les conserver à coup de sabre ou à coup de fusils, ce n'est
ni l'intention du Roi ni l'esprit
du nouveau régime ; et c'est seulement l'abus que le Directoire
a dénoncé. Les éloges donnés
à votre conduite par la Municipalité de Versailles, prouvent
assez bien votre sagesse et son

Pendant l'hyver dernier, les bois et les villages où il s'est fait des assassinats et des vols avec effraction, toute espèce de propriété, la sûreté publique à plusieurs lieues à la ronde, les chasses, ont été conservés et protégés sans aucun acte de violence, mais bien au prix des fatigues incroyables de la part de la brave Garde-Nationale que j'ai l'honneur de commander, ainsi que les Troupes de Ligne qui y sont réunies. Il en a été de même pour les insurrections fréquentes qui se sont manifestées à Versailles.

Le 23 Mai, environ 50 Braconniers ont chassé sur les propriétés du Roi : ils dévastoient bois et gibier. J'ai commandé 30 Gardes Suisses et autres Troupes. Les 30 Gardes Suisses les rencontrent ; les vagabonds les mettent aussi-tôt en joue ; le Commandant Suisse, d'après mes dispositions, ordonne haut les armes, défend que personne ne tire ; tombons sur eux, dit-il, c'est à nous d'essuyer leur feu ; un Garde Suisse est terrassé,

équité, mais encore une fois, ce n'est pas ce dont il s'agit. Nous ne parlons que des vexations commises dans le grand parc, et par la force armée qui s'y étoit portée sans être requise.

Nous voilà déjà bien avancés dans la discussion du Mémoire, et cependant nous n'avons rien trouvé qui touchât à la question. Le Directoire du Département n'a rien dénoncé qui ait quelque rapport à tous ces détails.

Non. C'est seulement une infraction très manifeste des Décrets, les Troupes n'ayant pas été requises par la Municipalité de la Selle-Saint-Cloud ; mais quel nom donne-t-on à la petite hostilité dont je vais parler ? Le 17 du mois de Juin, 28 vaches du sieur Carpentier passoient dans un bois du Roi sous la garde du bichetier ; un Garde-Chasse, à la tête d'un détachement d'hommes à cheval, entre sur le territoire de Vaucresson,

son fusil est cassé ; on parvient à arrêter plusieurs des Braconniers, les autres fuient ; on remet les premiers en liberté sans que j'aie provoqué une punition bien méritée. Sont-ce là des vexations ?

Depuis un mois des insurrections se sont manifestées dans les campagnes. D'après les plus instantes requisitions des Municipalités voisines, la Garde Nationale de Versailles a marché, soutenue des Troupes de Ligne. J'ai été à leur tête ; nous avons passé trois nuits dans les campagnes ; nous avons parcouru les environs à deux et trois lieues ; quelques mutins ont été arrêtés, le calme a été rétabli, le Cultivateur rassuré, et le Directoire du Département a oublié les justes éloges que méritoient des Soldats-Citoyens, qui, pour la tranquilité publique, ont abandonné femmes et enfans, ont marché au danger, et n'ont pas même pensé aux frais que ce déplacement leur a occasionné. Pendant quinze jours ces détachemens se

sans aucune requisition de la Municipalité, sans l'avoir même avertie. Les vaches sont saisies, mises en fourriere et le Bichetier, nommé Pierre Moulin, révolté, dit-on, contre une troupe si bien armée, frappé de coups de plat de sabre, lié, garotté, les mains derriere le dos, est conduit dans les prisons de Versailles, où il a resté 16 ou 17 jours. *Est-ce là une vexation ?*

Bon pour Mémoire seulement, car il n'y a rien qui ait rapport à la question que nous discutons.

sont souvent renouvellés et toujours on s'y est présenté avec le même zèle.

Le calme une fois rétabli, la moisson commencée, un autre désordre s'est manifesté ; vos Décrets ont été ouvertement violés. On chassoit, on fouloit les grains encore sur pied ; les Gardes-Chasses étoient menacés d'être pendus ; on les couroit à coups de pierres ; ils étoient invectivés aussi-tôt qu'ils paroissoient pour en réclamer la loi, et ils n'osoient plus se montrer.

Votre Décret du 22 Juin, porte : Que les faits de chasse dans les plaisirs du Roi, seront provisoirement portés au Bailliage de Versailles. *En conséquence, les Officiers supérieurs chargés officiellement de la conservation, ont requis main-forte dans cette ville. D'après les ordres de la Municipalité, j'ai commandé des détachemens de Gardes-Nationales de bonne volonté, réunis à des détachemens de Troupe de ligne. L'un des détachemens a été insulté et menacé par des propos injurieux. On a manqué de respect aux Décrets. La force n'étoit pas suffisante pour employer les armes. Le détachement a préféré de se retirer en invoquant*

Le Décret du 22 juillet, porte effectivement : *Que les faits de chasse dans les plaisirs du Roi, seront provisoirement portés au Bailliage de Versailles.* Mais la conséquence qu'en tire M. le Commandant est un peu extraordinaire. Quoi ! parce que les faits de chasse dans les plaisirs du Roi sont provisoirement attribués aux juges de Versailles, M. le Commandant croit que la Municipalité de Versailles auroit le droit d'envoyer des détachemens par-tout où les Officiers supérieurs jugeroient à propos ? Si le Ministère à qui M. le Commandant a écrit pour connoître le véritable esprit des Décrets de l'Assemblée-Nationale, les a commentés, il l'a égaré, et il faut *la loi.* Sont-ce là des vexations?

Parmi les Moissonneurs, les Paysans, les Gardes désignent un Braconnier de profession. On va à lui, on trouve un fusil caché sous une gerbe; et dans ses poches de la poudre et du plomb. Il déclare qu'il a son fusil pour chasser, qu'il chassera toujours et qu'il voudroit tuer jusqu'à la dernière pièce de gibier. Il nargue la garde, on l'arrête, il est conduit à Versailles; au lieu de le mener au Bailliage on le conduit chez le Commissaire; il est aussi-tôt relâché après une mercuriale. Sont-ce là des vexations?

J'ai écrit au Ministre de la Maison du Roi, une lettre ostensible, dans laquelle j'expose mon embarras, les désordres qui se commettent, les inconveniens que je prévois, et j'y provoque avec instance une explication sur les intentions de l'Assemblée Nationale,

bien que M. le Commandant lui-même aître connu son erreur, car dans les dernières chasses faites dans le parc, le 2 du mois Septembre, il n'a pas osé se porter sur le territoire des Municipalités voisines, sans avoir leur réquisition, puisqu'il les a si vivement sollicitées de calculer leurs forces, et de requérir celles qui étoient à ses ordres, si les leurs étoient insuffisantes.

Oui c'est une vexation, et je ne crains pas même de dire qu'elle est très-grave. Cet homme ne chassoit pas, mais il parloit mal; il étoit sur son territoire, et les inquisiteurs armés qui l'interrogeoient n'en avoient pas le droit, ils n'étoient pas à leur place. La Municipalité de Rennemoulin où le fait a eu lieu, n'avoit pas requis celle de Versailles; le délit dont il est question, si c'est un délit, étoit une affaire de police qui ne regardoit pas le Commissaire qui a donné ce que vous appelez la mercuriale.

Si tous ceux qui sont embarrassés, prenoient la précaution très-sage de consulter ainsi les Ministres sur les intentions de l'Assemblée Nationale, nous aurions bientôt un Commentaire fort curieux. Il est dommage que M. le Commandant ait privé

Nationale,

Nationale, *relativement à la conservation des plaisirs.*

On m'instruit qu'environ huit cens personnes doivent chasser dans le grand Parc. Un Officier Municipal d'une des paroisses en convient devant moi; les Gardes, les conservateurs des propriétés du Roi m'en font prévenir, et je vois dans cette dévastation celle des grains encore sur pieds.

Dans le même moment, les Municipalités des cinq paroisses, à deux et trois lieues, requièrent le District : elles demandent des secours contre un nombre considérable d'hommes qui, malgré leurs défenses, doivent chasser, et par-là dévaster les grains.

La Municipalité me donne des ordres. Cette Milice nationale si injustement calomniée, et les troupes de Ligne auxquelles on ne peut reprocher aucune imprudence, qui leur auroit peut-être été pardonnable, par les insultes réitérées et atroces qu'elles ont constamment éprouvées ; ces troupes fournissent des détachemens; l'un se porte dans le grand Parc; mais où a-t-il ordre d'aller ? dans une faisanderie close de murs, et appartenante au Roi.

le public des éclaircissemens donnés par le Ministre sur les Décrets de l'Assemblée.

Non. Mais en voici une qui n'est pas médiocre. Le nommé Jean Faillon, domicilié à Versailles, dans une maison de la rue de Paris, fut rencontré le 22 du mois d'Août par trois Gardes-Chasse et deux Cavaliers de la Maréchaussée, près du pavillon de la Reine, vis-à-vis du pont Colbert: Il prend la fuite à leur aspect, parce qu'il portoit un furet. Un Garde-Chasse tire sur lui, et le malheureux tombe à terre, blessé aux deux jambes. Qu'en pensez-vous, M. le Commandant, est-ce là une vexation ?

Les armes y sont mises au faisceau; il a l'ordre le plus précis de se conformer aux Décrets, et il en impose d'une telle manière, qu'aucun des mal-intentionnés n'ose se montrer; ce détachement se retire après quatorze heures de service : est ce-là une vexation?

Un second détachement requis par cinq Municipalités se porte hors du Parc du Roi et de ses propriétés; je marche à sa tête; on rencontre des braconniers qui gâtent la récolte, ils fuient à l'approche des troupes; quatre paroissent réunis; on les poursuit pour les connoître. Un Garde national et deux Chasseurs de Lorraine arrivent à eux; aussitôt ils sont mis en joue et invectivés. Ces braves soldats méprisent le danger, ils ne font aucun usage de leurs armes; ils s'élancent au risque de recevoir un coup de fusil, en détournant le bout des armes; ils arrêtent ceux auxquels leur fermeté en a tellement imposé qu'ils n'ont pas osé tirer.

Ces particuliers sont remis entre les mains des Municipalités de leur canton; les troupes se retirent après avoir rétabli l'ordre, et elles ne réclament même pas la justice qu'elles auroient

Non. Mais en voici une autre sur laquelle je vous prie de me dire votre manière de penser. Jean Bossu, propriétaire domicilié à Guyancourt, étoit avec un fusil sur sa terre à quatre heures du matin. Au retour, il trouve sur ses pas un Garde Chasse soutenu d'un détachement de Chasseurs de Lorraine. La fuite ne le dérobe pas à leur poursuite; un des Chasseurs entre tout à cheval dans la maison de la dame Desmorand, alors enceinte; en descend ensuite pour pénétrer jusques dans l'intérieur; se jette sur le sieur Bossu, le désarme et le traîne violemment dehors. Croyez-vous, M. le Commandant, que ce ne sont pas là des vexations?

eu droit d'attendre en invoquant la rigueur des Loix, envers des particuliers qui les avoient mis en joue. Sont-ce - là des vexations?

Le lendemain, les insurrections du Parc continuent à se manifester, les Gardes ne peuvent se montrer sans être hués et poursuivis à coups de pierre.

A la réquisition des Officiers des chasses, je place quinze Chasseurs de Lorraine, répartis dans trois corps-de-gardes appartenans au Roi. Je recommande la plus grande douceur.

Le premier jour que ces postes sont placés, l'un d'eux est hué et insulté; cette conduite est méprisée par la troupe. Mais bientôt on chasse, elle veut s'y opposer avec douceur; les moissonneurs s'attroupent; on blesse un chasseur de Lorraine avec une pierre. Les autres sont entourés, un officier est menacé d'un coup de rateau; il alloit être frappé, lorsqu'un chasseur l'empêche. Celui qui a été violemment frappé, au défaut de l'épaule, a donné un coup de plat de sabre; un coup de pistolet est tiré à poudre, et en l'air, pour appeller le poste de l'autre corps de garde: il arrive; l'homme qui a frappé est arrêté, et bientôt il

Tout ce détail est trop obscur pour prononcer si ce sont des vexations ou non; mais voici un fait bien clair et bien circonstancié, qui est également resté sans réponse quoique consigné dans les procès-verbaux déposés à l'Assemblée-Nationale. Charles Beaudoin, Marchand de bois à Fontenai-le-Fleury, chassoit sur sa propriété le 14 Février 1790; au moment où il se retiroit il est tout-à-coup investi par deux Chasseurs de Lorraine qui accompagnoient un des Conservateurs des plaisirs du Roi, maltraité, menacé d'être tué, pris aux cheveux, frapé de deux coups de sabre et conduit ensuite aux prisons de Versailles. L'ordonnance du Bailli, du 20 Février, en radiation d'écrou, remise des armes et fournimens saisis sur lui, prouve son innocence. Croyez-vous, M. le Commandant, que ce ne sont pas là des vexations ?

est relâché; deux autres sont conduits au bailliage de Versailles où ils sont interrogés, et la troupe ne demande aucune punition pour les insultes et les coups qu'elle a reçus. Le frappé ne fait aucune plainte. C'est depuis qu'elle a été provoquée, et cet homme est bien répréhensible pour avoir le premier frappé le chasseur qui faisoit exécuter la Loi.

Depuis ce dernier événement tout a été assez tranquille, les grains ont été récoltés, on a peu chassé, et ces patrouilles ont servi à la conservation des bois mis sous la sauve-garde de la garde nationale, à celle des domaines et propriétés du Roi, et enfin à protéger les citoyens contre les voleurs qui infectent nos environs. Sont-ce là des vexations?

Un Capitaine de la Garde Nationale, est établi légalement conservateur des domaines et bois du Roi; et pour la surveillance de ses fonctions, il peut disposer chaque jour de quelques chasseurs à cheval. Je lui ai ordonné de suivre exactement les décrets, en lui recommandant la plus grande douceur.

Le commandant de la Maréchaussée a des ordres de moi, pour assurer les chemins et les

Non, M., vous n'êtes pas coupable, la réquisition du Directoire du District, qui vous a été adressée par son Vice-Président dont la lettre se trouve à la fin de votre Mémoire, vous autorisoit à faire usage de la force armée. Mais la Municipalité de Meudon avoit-elle appellé dans son territoire les Chasseurs si justement accusés de la mort du jeune Henri Cartier, âgé de 13 ans? Tout le crime de ce mal-

propriétés, protéger les individus, faire exécuter les Décrets; et pour cela j'ai ordonné un service journalier des Chasseurs à cheval, qui aident les cavaliers de Maréchaussée; et par-là notre tranquilité au dehors est assurée jour et nuit.

Je n'ai reçu que les plus grands éloges de ce service, et pas une seule plainte.

Toutes ces dispositions doivent s'étendre au-delà de la Ville; elles sont bien importantes, Messieurs; et vous en jugerez quand vous saurez que les Municipalités n'osent requérir la force, par la crainte que ceux qui enfreignent la Loi, ne se vengent sur elles. Cette vérité vous est attestée par la déclaration que je vous fais, que le Président du District de Versailles m'a invité à sortir de la regle des requisitions des Municipalités de villages, à l'effet de protéger la sûreté et la tranquillité publique; les dispositions que j'ai faites m'ont mérité des remercimens. Si ce sont là des vexations, je suis coupable de m'être rendu à cette invitation.

Je me résume à demander si par mes dispositions, depuis que j'ai l'honneur de commander à

heureux enfant trouvé sur le pavé de Meudon, noyé dans son sang, étoit d'avoir ramassé un lapin; il déclare qu'au moment mêmede ce léger larcin, il se sentit frappé presqu'aussitôt qu'apperçu par un Chasseur de Lorraine. M. Boruon, Chirurgien de Meudon, atteste dans son procès-verbal avoir trouvé quinze ou seize trous, qu'il a jugé avoir été faits par un coup de fusil chargé de chevrotines. L'enfant est mort peu de jours après dans la maison de sa mère, et M. Pipelet, Chirurgien du Roi du Châtelet, certifie dans une attestation que nous avons en nosmains,qu'il n'est mort que des suites de ses blessures. Qu'en pensez-vous, croyez-vous que ce ne sont pas là des vexations?

Et moi aussi, M. le Commandant, je me résume par demander si aucune des attrocités qui

Versailles, si par un seul ordre signé de moi, un citoyen est blessé; si aucun citoyen a été garroté; si aucun citoyen a été traîné dans les cachots; si aucun citoyen a été tiré à balle ou autrement.

Mais je dirai de la maniere la plus affirmative, qu'environ cinquante braconniers ont mis en joue trente gardes Suisses, qui ont opposé cette bravoure froide, si nécessaire, sans demander justice.

Je dirai, qu'en différentes occasions, on a insulté la garde Nationale et les troupes de Ligne, qui vouloient faire mettre les Décrets en vigueur.

Je dirai que les gardes du parc ont été menacés de la corde, qu'ils ont été insultés et poursuivis à coups de pierre, et qu'ils n'osent sortir de chez eux.

Je dirai, qu'on a frappé un Officier, et jetté des pierres et blessé un chasseur de Lorraine.

Je dirai qu'on a tiré sur les chasseurs de Lorraine, qu'un

ont été dénoncées, a été exagérée; on ne dit pas que c'est par vos dispositions, que c'est par vos ordres que tant de citoyens ont été blessés, garottés, traînés dans les prisons, frappés à balles ou autrement.

Mais je dirai de la maniere la plus affirmative que les victimes malheureuses de tant de vexations sont restées sans vengeance, et qu'aucun des coupables n'a été puni, pas même peut-être, par le reproche le plus léger.

Je dirai avec confiance que les Décrets de l'Assemblée-Nationale ont été ouvertement violés tous les jours et plusieurs fois par jour, par ces excursions fréquentes de différents détachements dans des Municipalités étrangères, sans qu'aucune requisition les y ait appelés.

Je dirai que les membres des Corps Administratifs eussent trahi la confiance et les intérêts de leurs Commettans s'ils avoient restés plus longtems indifférents sur cette multitude d'excès qu'ils ont eu le courage de dénoncer.

cheval a été blessé et qu'un chasseur a eu son chapeau percé par une balle, sans qu'on se soit permis de riposter.

Je dirai qu'on a mis la garde Nationale en joue, ainsi que les troupes de Ligne.

Je dirai, qu'au mépris des ordonnances rendues sur des Décrets, on a presque continuellement chassé sur les propriétés du Roi.

Enfin, Messieurs, je dois vous communiquer mes allarmes et mes vives inquiétudes, parce que d'après la dénonciation du Directoire du Département, les Journaux ont désigné la principale force active et réelle du District, comme coupable d'atrocités, qui répugnent à entendre. Comment pourrons-nous arrêter la licence, quand la garde Nationale et les Troupes sont accusées d'une tyrannie révoltante? Les mal-intentionnés profiteront de ces calomnies; rien ne sera respecté, et notre force sera paralisée.

J'ai l'honneur de vous demander, Messieurs, de permettre qu'il vous soit rendu compte des inculpations du Directoire du Département, ainsi que des ré-

Enfin, je dirai, pour tout terminer, que les procès-verbaux déposés à l'Assemblée-Nationale attestent tous les faits qui ont servi de base à la dénonciation. Qu'il ne suffit pas de dire que les infortunés dont le Directoire a pris si courageusement la défense, étoient coupables, et qu'ils l'étoient même par habitude. Ce prétexte seroit aussi frivole qu'il est mal fondé; mais ce qui est certain, c'est que *nul ne peut être arrêté ni détenu, et à plus forte raison, sabré ou fusillé que dans les cas déterminés par la loi, et selon les formes prescrites* (1); et le Directoire du Département avoit raison de se plaindre que ces formes établies par la loi, étoient violées ou mal comprises.

Bessal vice Pt du district.

---

(1) Déclaration des Droits de l'Homme, art. VII.

quisitoires et des ordres donnés qui sont ci-joints. *Si mon zèle m'a trompé, quoique mes motifs soient purs, je demande à être puni parce que la chose publique ne permet pas de pardonner les fautes particulieres, même involontaires.* Tel doit être le grand intérêt de la Nation : *Dans le cas contraire, je regarderai comme le plus beau moment de ma vie, votre improbation sur ma conduite.*

Mais la garde Nationale de Versailles dont le zèle s'est tant de fois manifesté, mérite que dans cette occasion, vous rendiez justice à sa prudence, à son patriotisme, à son dévouement pour la constitution, et à sa fidélité à la Nation, à la Loi et au Roi.

Dans ce moment, Messieurs, il m'est bien précieux d'assurer l'Assemblée Nationale que la garde Nationale de Versailles, le régiment de Flandres, les Chasseurs de Lorraine, la Maréchaussée et les Invalides qui forment la garnison de cette ville, y vivent dans cette union, qui n'en fait qu'une seule force indissoluble.

Que dans les troupes de Ligne, la discipline y est parfaitement établie, que le soldat aime ses devoirs et respecte ses Officiers, es qu'enfin, citoyens et soldats, nous sommes tous réunis de sentimens avec la Municipalité, pour le maintien du bon ordre et de la tranquilité publique.

Signé BERTHIER.